S.Yth
8915

L'IMPATIENT,

COMÉDIE,

EN UN ACTE

ET EN VERS LIBRES,

Représentée, pour la premiere fois, par les Comédiens Français, le 3 Septembre 1778.

Sed habet Comœdia tanto
Plus oneris, quanto veniæ minus.
HOR.

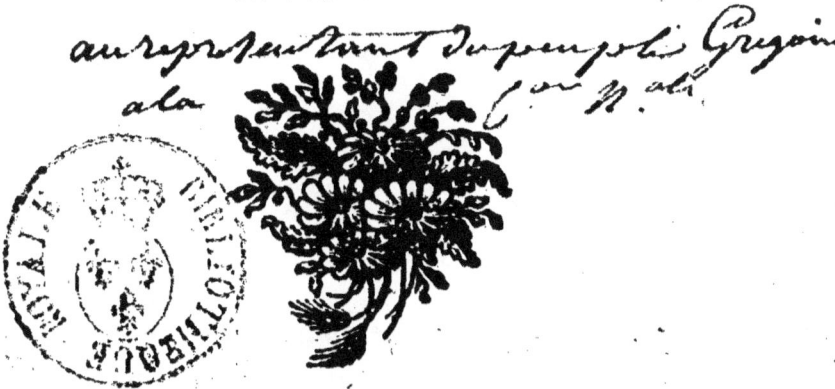

A PARIS,

Chez DESSAIN *Junior*, Libraire, Quai des Augustins.

M. DCC. LXXIX.

Avec Approbation & Permission.

PERSONNAGES.

DAMON.
M. DE BORCHAMP.
JULIE, *veuve, fille de M. de Borchamp.*
DORLIS, *Peintre.*
LAFLEUR, *Valet-de-chambre de Damon.*
FLAMAND, *Valet de Damon.*
LE NOTAIRE.

La Scene est dans une maison commune à
M. de Borchamp & à Damon.

L'IMPATIENT,

COMÉDIE,

EN UN ACTE ET EN VERS LIBRES.

SCENE PREMIERE.

LAFLEUR.

LAFLEUR, *tenant en main une épée, un chapeau, un mouchoir.*

Il vient de m'échapper, je ne sais où le prendre ;
On ne peut l'habiller. Ah ! quel homme étonnant !
Le tonnerre est moins prompt, un volcan, moins bouillant ;
Mais taisons-nous, je crois l'entendre.

SCENE II.

LAFLEUR, DAMON.

DAMON, *entrant avec précipitation, & achevant de boutonner sa veste.*

Ces marauts-là ne finissent jamais !

LAFLEUR.

Votre épée.

DAMON met son épée.

Abrégeons.

LAFLEUR,
Votre mouchoir.
DAMON.
Acheve.
LAFLEUR.
Auprès de vous on n'a ni paix ni treve :
Il faudroit quatre bras....
DAMON.
Mon chocolat.
LAFLEUR,
J'y vais.

SCENE III.

DAMON.

IL est tard : & Julie ou doucement sommeille,
Ou devant son miroir s'occupe gravement,
Moi seul dans cet hôtel je veille :
Lafleur, Lafleur.

SCENE IV.

DAMON, LAFLEUR.

LAFLEUR, *dans la coulisse.*

MONSIEUR, Monsieur.
DAMON.
Il dort aussi.
Viendras-tu ?
LAFLEUR, *dans la coulisse.*
Dans l'instant.
DAMON.
Si tu ne viens...
LAFLEUR, *dans la coulisse.*
J'y vole.

DAMON.
Marjut.
LAFLEUR, *dans la coulisse.*
Ah! patience!
DAMON.
Insolent.
LAFLEUR, *dans la coulisse.*
Grand merci.
DAMON.
Nous allons voir, sur ma parole.
LAFLEUR, *entrant, une tasse à la main.*
Je faisois votre chocolat.
DAMON.
Je vous l'ai dit cent fois, je ne veux point attendre.
LAFLEUR.
Il faut donc tout briser.
DAMON, *en s'asseyant devant une table.*
Eh! vous n'êtes qu'un fat!
Il est brûlant; je ne saurois le prendre.
LAFLEUR.
Hier il étoit froid : on ne peut vous comprendre.
DAMON.
Encore; apprenez à servir.
(*Il renverse la tasse.*)
LAFLEUR.
Avec un peu de patience
Il auroit pu se refroidir.
DAMON.
Quelle heure est-il?
LAFLEUR.
Mais, neuf heures, je pense.
DAMON.
Vous pensez comme un sot : il doit être midi.
LAFLEUR.
Le soleil aura tort. Pour en être éclairci,
(*Damon tire sa montre.*)
Regardez votre montre. Eh bien! lorsque j'avance....

DAMON.
Quelle montre, morbleu, qui retarde toujours!
LAFLEUR.
Mais vous pouvez hâter son cours:
Mettez-la sur midi.
DAMON.
Demandez chez Julie
Si je peux y monter.
LAFLEUR.
A présent?
DAMON.
Quel discours!
LAFLEUR.
Mais elle dort, je le parie.
DAMON.
Que l'on t'annonce de ma part.
LAFLEUR.
Hier, elle se coucha tard.
DAMON.
Tant pis.
LAFLEUR.
Osez-vous bien d'une veuve si belle
Troubler le doux sommeil?
DAMON.
Comment, logé chez elle,
Je n'aurai pas le droit de lui parler?
LAFLEUR.
C'est bien le moins; & je cours l'éveiller.

SCENE V.
DAMON.

Mon plan est arrêté. Ce soir, oui, ce soir même,
Si vous m'aimez autant que je vous aime,
Il faut, Madame, enchaîner votre cœur
Des nœuds d'hymen & du bonheur.
Chaque jour semble un siecle à mon ame sensible;
Et trop long-temps j'ai différé.

SCENE VI.
DAMON, LAFLEUR.
LAFLEUR.
Elle n'est pas encore visible.
DAMON.
Visible ou non, je la verrai. (*il sort.*)

SCENE VII.
LAFLEUR.
Trop heureux qui pourra le gagner de vitesse!
Chacun a ses défauts: tel est le cœur humain.
Moi, n'ai-je pas les miens? D'abord, j'aime le vin:
C'est qu'il est bon. Le jeu m'occupe, m'intéresse;
    Mais tout homme d'esprit doit fuir
L'oisiveté. De plus, je ne hais pas les femmes:
Mais c'est un beau défaut, celui des grandes ames.

SCENE VIII.
DAMON, LAFLEUR.
DAMON, *à part.*
On ne sauroit la voir, & le jour va finir.
    Elle m'ordonne de l'attendre.
    De l'attendre! ah! c'est trop souffrir.
LAFLEUR.
Une autre fois, sans doute....
DAMON, *à part.*
        Y peut-on rien comprendre?
LAFLEUR.
Une Belle, vraiment, n'est pas toujours d'hameur....
DAMON.
Si vous dites un mot....
LAFLEUR.
       Je me tairai, Monsieur.

DAMON.
Elle est à sa toilette, & là, dans son ivresse,
Oubliant l'univers & le temps qui nous presse,
Elle sourit à sa beauté.
Pauvres amants! avec quelle facilité
Ce sexe vous abuse! Il s'abuse lui-même :
Et dupe de son propre cœur,
Il croit aimer l'amant, ce n'est que soi qu'il aime.
Mais enfin, dès ce jour, j'assure mon bonheur.
As-tu vu mon futur beau-pere?
Parle donc.

LAFLEUR, *froidement & les bras croisés.*
Oui, Monsieur.

DAMON.
De belle humeur, j'espere?

LAFLEUR.
Non, Monsieur.

DAMON.
Son procès le tourmente déja.

LAFLEUR.
Oui, Monsieur.

DAMON.
Mais, pour moi crois-tu qu'il s'humanise?

LAFLEUR.
Eh!...

DAMON.
Quoi?

LAFLEUR.
Mais,...

DAMON.
Parle donc. Le traitre se taira.

LAFLEUR.
Monsieur, excusez ma franchise,
On ne peut, à la fois, & se taire & parler.

DAMON.
Moi, je le veux, réponds.

LAFLEUR.
Pour ne vous rien céler,
Monsieur Borchamp.... Mais, puis-je être sincere?

DAMON.

DAMON.

Oui, oui.

LAFLEUR.

Monsieur Borchamp... je crains....

DAMON.

Parle, ou je vais...

LAFLEUR.

Vous n'avez pas le talent de lui plaire.
Le ciel vous refusa, parmi tant de bienfaits,
Cet air tranquille & doux qui flatte, nous attire....

DAMON.

Il ne sait ce qu'il dit.

LAFLEUR.

Ma foi, je m'en doutois.
Mais j'apperçois Julie.

DAMON.

A la fin, je respire.

SCENE IX.

JULIE, DAMON.

DAMON.

JE brûlois de vous voir, & loin de vos attraits
  Je m'abandonne à la tristesse.
  Pour vous que nul souci ne presse,
Vous coulez vos beaux jours dans le sein de la paix.

JULIE.

Mais, d'où vient cette humeur ? Qu'avez-vous qui vous blesse ?
Voulez-vous exiger ?...

DAMON.

Un amour plus ardent.

JULIE.

Vous connoissez mon cœur ; vous avez lu souvent....

DAMON.

Ah ! votre cœur, calme dans sa tendresse,
Avec art chaque jour prolonge mon tourment.

L'Impatient.   B

JULIE.

Oui, j'aurois dû, sans consulter personne,
Vous épouser dès le premier instant
Que je vous ai connu.

DAMON.

Cela seroit charmant,
Vous seriez toute à moi: ce ciel qui m'environne
Me sembleroit plus pur; je vous verrois toujours:
Vous m'aimeriez alors, me le diriez peut-être;
Et chaque jour que je verrois renaitre
Me paroitroit le plus beau de mes jours.

JULIE.

Si vous m'aimez, si vos discours....

DAMON.

Si je vous aime, hélas! mon ame trop sensible
Reconnut son vainqueur en voyant vos attraits.
Séduit d'abord par un charme invincible,
Je ne vis plus que vous, je brûlois, j'adorois;
Je répétois le doux nom de Julie,
Et cherchois dans vos yeux mon bonheur & ma vie.
Trop malheureux depuis ce jour,
Votre absence, l'espoir, le doute, tout m'agite:
Dans la nuit, le sommeil m'évite;
Ou, trente fois, éveillé par l'amour,
Je me leve pour voir l'aurore
D'un jour qui ne paroit jamais.
Vainement le sommeil ferme mes yeux encore,
Je ne rêve qu'à vos attraits.
Voilà mon cœur, & voilà comme on aime.

JULIE.

Mais en tout vous êtes extrême.
Je ne puis vous dissimuler....

DAMON.

Ah! permettez-moi de parler.

JULIE.

Très-volontiers.

DAMON.

Pourquoi briser mon ame?
Pourquoi, si vous m'aimez, reculer sans pitié
Le terme de mes vœux, le bonheur de ma flamme?

JULIE.

Je vous l'ai dit.

DAMON.

Eh! quoi?

JULIE.

Cultivez l'amitié,
Les bontés de mon pere; obtenez son suffrage:
Alors peut-être je m'engage....

DAMON.

Et dans un siecle je verrai
L'hymen couronner ma constance.

JULIE.

Le temps dépend de vous; soyez plus modéré:
Réprimez cette impatience....

DAMON.

Je veux me corriger, m'attacher votre cœur,
Et mériter de vous un regard d'indulgence.
Mais un terme si court borne notre existence,
Et je suis dévoré d'une si vive ardeur.

JULIE.

Eh! de grace, que puis-je faire?

DAMON.

Fixer l'instant de mon bonheur.
Terminer.

JULIE.

Quand?

DAMON.

Ce soir.

JULIE.

Sans l'aveu de mon pere?

DAMON.

Son pere!... avoir toujours un pere à m'opposer!...

JULIE.

Et vous vous modérez?

DAMON.

Oui, oui, je me modere.
Mais cependant on ne peut m'abuser.
N'êtes-vous pas veuve?

JULIE.
Oui.

DAMON.
Depuis plus d'une année ?

JULIE.
D'accord.

DAMON.
Par conséquent libre de m'épouser ?

JULIE.
Non. Car je jure ici, telle est ma destinée,
De renoncer aux plus tendres amours,
D'abjurer à jamais les nœuds de l'hyménée,
Si je n'obtiens l'aveu de l'auteur de mes jours.

DAMON.
Eh bien ! adieu, Madame.

JULIE.
Où courez-vous ?

DAMON.
Je cours...
Chercher une ame plus sensible.

JULIE.
Allez, Monsieur : non, il n'est pas possible
Que jamais la raison....

DAMON, *revenant & à part.*
Rien ne peut l'excuser.

JULIE.
Quoi sitôt ?

DAMON.
Oui, je reste ; & pour vous épouser.

JULIE.
Malgré moi ?

DAMON.
Nous verrons. Je veux....

JULIE.
Votre folie
Me fait pitié.

DAMON.
Pardon : je suis si malheureux :
Je demande à vos pieds le bonheur de ma vie.

JULIE.
Soyez plus raisonnable.

DAMON.
    Oui, ma chere Julie.

JULIE.
Et mon pere bientôt pourra combler vos vœux.

DAMON.
Aujourd'hui?

JULIE.
    Non. Son procès le tourmente;
Et lui parler d'hymen dans ces moments,
C'est le contrarier, c'est mal prendre son temps :
Mais vous pouvez, dit-il, & cet espoir m'enchante,
Lui rendre un bon office, & hâter son succès.

DAMON.
Moi? Quel bonheur! Quoi je pourrois....

JULIE.
J'ai répondu de vous....

DAMON.
    Oui, oui, soyez tranquille.

JULIE.
Et du zele....

DAMON.
    N'en doutez pas;
Et je vais remuer & la Cour & la Ville;
  Visiter Juges, Avocats.
Adieu, Madame.

JULIE.
    Où portez-vous vos pas?

DAMON.
Je vais chez mes amis, chez le Comte d'Ermonde,
Chez le Marquis d'Alban; je verrai tout le monde.

JULIE.
Et que leur direz-vous?

DAMON.
    De presser, de hâter....

JULIE.
Connoissez-vous le fond de cette affaire?

DAMON.
Mais à-peu-près.

JULIE.
Voyez, interrogez mon pere ;
Il vous en inſtruira ; mais daignez l'écouter.
Songez, ſongez ſur-tout à plaire.

DAMON.
Oh ! je plairai, Madame, & comptez là-deſſus.

JULIE.
Dans ſes diſcours il eſt par fois diffus ;
Mais il faut reſpecter ſon âge & ſa manie.

DAMON.
Je ſais ce que je dois au pere de Julie.

JULIE.
Il vient, je crois. Je vous laiſſe avec lui.
Rappellez-vous....

DAMON.
Ecartez tout ſouci.
Repoſez-vous ſur ma prudence.

JULIE.
J'y compte.

SCENE X.

DAMON.

ENFIN je ſens renaître l'eſpérance :
Son pere va venir ; il me tarde déjà
Qu'il m'ait en quatre mots expliqué tout cela.
Alors, au gré de mon impatience,
Je ſors, je vais dans tout Paris,
Je fais agir tous mes amis ;
J'aſſure ſon ſuccès ; & ce ſoir, ce ſoir même,
Mon beau pere enchanté m'accorde ce que j'aime.
Bon le voici.

SCENE XI.
DAMON, BORCHAMP.
DAMON.

Monsieur, serai-je assez heureux,
Pour vous rendre un léger service
Dans ce procès fastidieux
Qu'osent vous intenter la fraude & l'avarice ?
BORCHAMP.
Oui, le fort qui m'opprime....
DAMON.
Ah ! j'en suis enchanté.
BORCHAMP.
On m'assure, & j'en suis flatté....
DAMON.
Et je n'épargnerai ni mes pas ni ma peine.
BORCHAMP.
On m'a dit aujourd'hui comme chose certaine,
Que votre oncle, le Président,
Est lié très-intimement
Avec mon Rapporteur, Monsieur de Lauvamaine.
DAMON.
Ils sont amis d'enfance, il pourra vous servir,
Et d'avance je goûte un sensible plaisir.
BORCHAMP.
Je vais donc m'étayer de votre complaisance,
Et vous conter de point en point exactement,
L'histoire du procès, du jour de sa naissance.
DAMON.
On peut sur les détails passer rapidement.
BORCHAMP.
Auriez-vous quelque affaire ?
DAMON.
Un long récit, je pense,
Peut vous fatiguer.
BORCHAMP.
Non, ma poitrine est de fer.

DAMON, *à part*.
Tant pis, morbleu!
BORCHAMP.
Mais le temps nous est cher:
Asseyons-nous.
DAMON.
Souffrez....
BORCHAMP.
Ah! point de résistance.
Je ne parle qu'assis.
DAMON *court chercher des fauteuils*.
Soit, asseyons-nous.
BORCHAMP.
Bon.
Vous connoissez la Comtesse d'Érolle?
DAMON.
Depuis cent ans.
BORCHAMP.
Cette femme frivole,
Qui veut parler, c'est-là sa passion;
Cite tous les Auteurs dont elle sait le nom,
Et jamais n'écoutant personne,
Bavarde le matin, & le soir déraisonne.
DAMON.
Laissons les portraits.
BORCHAMP.
Soit, Au décès du Baron,
La Comtesse hérita de la terre d'Alienne;
Elle est, pour mon malheur, contiguë à la mienne.
Dès ce moment fatal survinrent les procès;
Et tout ce que l'enfer put inventer jamais
Pour agiter le repos de la terre.
Mais avec ce Baron, objet de mes regrets,
Uni par les doux nœuds d'une amitié sincere....
DAMON.
Fort bien.
BORCHAMP.
Vous souvient-il encore de lui?
DAMON.
Ma foi....
BORCHAMP.

BORCHAMP.

C'étoit....

DAMON.

Un petit homme.

BORCHAMP.

Il étoit, au contraire,
Plus grand que vous, au moins....

DAMON.

De trois pieds, je le crois.

BORCHAMP.

Je le trouvois diffus ; certes, c'étoit dommage :
Mais quand sa tête s'échauffoit,
Il commençoit cent contes, s'égaroit,
Et se perdoit dans un long verbiage.
De ses récits il m'excédoit souvent ;
Mais je le supportois en ami complaisant.

DAMON.

Quoi, vous le supportiez ? ah ! Monsieur quel courage !

BORCHAMP.

Peut-être vous auriez été moins indulgent ?

DAMON.

Mais revenons, je vous conjure,
A ce procès qui vous amene ici.

BORCHAMP.

Il m'a causé, je vous l'assure,
Jusqu'à présent bien du souci.

DAMON.

Et moi, Monsieur, j'en ai ma part aussi.

BORCHAMP.

Vous êtes trop honnête. Or écoutez.

DAMON.

J'écoute.

BORCHAMP.

Certain papier que l'esprit infernal,
Pour mes péchés, a déterré sans doute,
De la discorde a donné le signal.
J'ai voulu transiger : en homme raisonnable,
Je lui fis proposer, encore l'autre jour,
Par son cousin, le Marquis de Frémour,

L'Impatient.   C

Homme d'esprit, d'un caractere affable,
Mais entre nous trop pétulant,
Trop vif, & vous donnant au diable,
Lorsqu'il est obligé d'écouter un moment.

DAMON.

Il veut qu'on aille au fait ; j'aime assez sa méthode.

BORCHAMP.

Sans doute. Cependant, de peur d'être incommode,
Il faut savoir....

DAMON.

Mais brisons là-dessus.

BORCHAMP.

Je lui fis proposer....

DAMON.

En homme raisonnable ?

BORCHAMP.

De terminer à l'amiable.
Le croiriez-vous ? mes soins furent perdus.
Elle me refusa.

DAMON.

Cette femme est damnable !
Tout seroit arrangé : quelle félicité !
Nous n'en parlerions plus.

BORCHAMP.

Vous connoissez les femmes ?

DAMON.

Oui, vraiment.

BORCHAMP.

Leur humeur & leur mobilité ?

DAMON.

Il est trop vrai, ce sont des ames....
Mais discutons avec tranquillité,
Sans perdre notre temps à médire des femmes.

BORCHAMP.

J'en étois donc à ce papier fatal....

DAMON.

Oui, déterré par l'esprit infernal.

BORCHAMP.
Or donc, son Procureur, homme plein d'artifice....
Qu'avez-vous ? (*Damon se leve.*)

DAMON.
Rien. Continuez toujours.
(*Il se rassied, & dit à part.*)
Personne, hélas ne vient à mon secours !

BORCHAMP.
Loup dévorant, dont l'avarice
S'engraisse de procès, & qui sous un air doux
Cache un franc scélérat qu'il faudra que j'assomme.

DAMON.
Fort bien. Mais pourquoi voulez-vous
Qu'un Procureur soit honnête homme ?

BORCHAMP.
Pourquoi ?

DAMON.
Quant au procès ?

BORCHAMP.
Mon procès & mes droits....

DAMON.
Sont embrouillés ?

BORCHAMP.
Non, non, ma cause est claire :
Il s'agit entre nous du partage d'un bois.

DAMON.
Eh ! faites-le couper pour terminer l'affaire.

BORCHAMP.
Parbleu ! je m'en garderois bien.
Me croyez-vous donc en démence ?

DAMON.
Pour vous servir j'imagine un moyen.

BORCHAMP.
Est-ce quelqu'autre extravagance ?

DAMON.
Je vous présenterai chez mon oncle aujourd'hui ?
Vous le verrez, lui parlerez vous-même ;

Et j'aurai le bonheur d'obliger un ami,
Un véritable ami que j'honore, que j'aime.

BORCHAMP.

Fort bien, Monsieur; j'adopte ce plan-là.
Je vais chercher là-haut des papiers d'importance:
Vous voulez bien m'attendre?

DAMON.

Oh, tant qu'il vous plaira.

BORCHAMP.

Je viens dans le moment.

SCENE XII.

DAMON.

Qu'il faut de patience!
Au diable & plaideurs & procès!
J'avois mille & mille projets.
Mon Notaire, je crois, connoit cette Comtesse:
J'y veux aller. Je bénirai les cieux,
Si de Borchamp prévenant tous les vœux,
J'arrangeois un procès fâcheux pour sa vieillesse.
Que le temps aujourd'hui se traîne lentement!
Lafleur.

SCENE XIII.

DAMON, LAFLEUR.

LAFLEUR, *accourant.*

J'ACCOURS.

DAMON.

Demandez à Borchamp....
Non, rien. Dites-lui que j'espere....
Vous lui direz que je l'attend:
Et revenez soudain.

SCENE XIV.
DAMON.

Cet avis nécessaire
Hâtera de ses pas la lenteur ordinaire.
Il faut se résigner : personne ne paroît.
Lafleur lui-même y passe la journée !
Flamand.

SCENE XV.
DAMON, FLAMAND.

FLAMAND.
Monsieur ?

DAMON.
Sachez donc ce qu'il fait.

FLAMAND.
Et qui ?

DAMON.
Lafleur.

FLAMAND.
Je vous assure
Qu'il étoit là tantôt.

DAMON.
L'original !
Allez savoir quelle aventure
Le retient si long-temps.

FLAMAND.
Où, Monsieur ?

DAMON.
L'animal !
(Le poussant par les épaules.
La, là, là, là.

FLAMAND.
J'y vais, j'y vais.

SCENE XVI.
DAMON.

Je p...
Que, pour me tourmenter, valets, maitress... ni,
   Tout est ici d'intelligence.
Mon éternel beau-pere, ou bien s'est endormi,
   Ou l'âge éteignant sa mémoire,
Il oublie à coup sûr que je l'attends ici.
Mais Flamand, mais Lafleur ; on ne pourra le croire :
   Je sers d'exemple à la postérité.
Lisons. Ciel ! & Borchamp ! où s'est-il arrêté ?
Oh, pour finir, enfin, je vais chez mon Notaire.

SCENE XVII.
LAFLEUR, *du ton dont on annonce.*

Monsieur Borchamp. Quoi donc, il est parti !
   Ma foi, que dira le beau-pere ?
Mais je le vois qui court, courons vite après lui.

SCENE XVIII.
BORCHAMP, JULIE.
BORCHAMP.

Tu viendras avec nous, & c'est moi qui t'en prie.
JULIE.
Mais....
BORCHAMP.
   Tu seras présente à l'entretien :
Les Juges te verront, cela ne gâte rien.
   Une femme jeune & jolie
   Imprime un charme à la raison.
   Mais qu'est-il devenu ? Damon. *(il l'appelle.)*
   Damon. Vainement je l'appelle :
Monsieur s'est évadé : l'aventure est nouvelle.
JULIE.
Vous l'offensez par ce soupçon.

BORCHAMP.
Cherche le donc.

JULIE.
Lafleur.

BORCHAMP.
Le tour est très-honnête.

JULIE.
Lafleur. (*à part.*) Je crois encore me tromper.

SCENE XIX.

Les mêmes, LAFLEUR.

JULIE.
Que fait ton maître ?

LAFLEUR.
Il vient de s'échapper.

JULIE.
Par quel motif ?

LAFLEUR.
Il des brouillards dans la tête :
Ennemi juré du repos,
Il va, dit-il chez son Notaire.
Comme rien n'étoit prêt, maudissant les marauts,
C'étoit moi, le cocher, d'assez brusque maniere
Il s'est sauvé.

JULIE.
Qu'entends-je ! A quel propos !
Il n'a pas son carrosse ?

LAFLEUR.
Ah ! vraiment ; au contraire,
Il chasse & cocher & chevaux,
Et dit qu'à pied, tout seul, il ira bien plus vite.

BORCHAMP.
O la pauvre cervelle !

JULIE.
Il suffit : sors.

SCENE XX.
BORCHAMP, JULIE.
BORCHAMP.

Voila
Je te l'avoue, une étrange conduite!
Je me hâte, j'arrive, & l'on me laisse là!
Et tu m'en répondois?

JULIE.

Ce grand feu qui l'agite....

BORCHAMP.

Et l'autre jour encore, il m'en ressouviendra,
Nous étions à la promenade;
Je marchois doucement, je respirois le frais:
— Monsieur, dit-il, seriez-vous point malade?
— Moi, non; pourquoi cela? — Rien, rien: je le craignois.
Nous poursuivons: l'instant d'après Monsieur me quitte,
Prétextant, en plein jour, qu'il craignoit le serein.
Que penses-tu de cette fuite?

JULIE.

Qu'on ne peut l'excuser, & tel est son destin....

BORCHAMP.

Allons, n'en parlons plus; c'est un fou qui me lasse.

JULIE.

Peut-être, avec le temps, plus calme & réfléchi....

BORCHAMP.

Un cerveau détraqué, qui m'ose dire, en face,
De couper tous mes bois!

JULIE.

Mais il est votre ami?

BORCHAMP.

Le tien. J'en conviendrai sans peine,
Je l'aimois, l'estimois, j'approuvois votre chaîne.
Mais le voile est tombé: j'en appelle aujourd'hui.
Crois-moi, ma chere, enfant, étouffe dans ton ame,
Il en est temps encore, une funeste flamme
Qui troubleroit tes jours. Oui, l'amour trop souvent
A payé de ses pleurs l'erreur d'un seul moment.

Mais

Mais je songe à l'affaire à mon repos fatale ;
Et pour sortir de ce dédale,
Je visiterai, seul, Conseillers, Présidents :
Cependant réfléchis, & pese ma morale.

SCENE XXI.

JULIE.

IL paroît irrité de ses écarts fréquents.
Hélas, quel fâcheux caractere !
De défauts, de vertus, quel contraste étonnant !
Agité sans motifs, toujours plus imprudent ;
Et cependant jaloux de plaire,
Il blesse les égards, repousse l'amitié :
L'amour même, l'amour, dont il chérit la chaîne,
Sur lequel son bonheur paroît être appuyé,
A gémi bien souvent de ce feu qui l'entraîne.
Mais comme il sait aimer ! quelle fidélité !
Jamais son cœur, simple dans sa tendresse,
N'a d'un mot captieux voilé la vérité.

SCENE XXII.

JULIE, LAFLEUR.

LAFLEUR.

MON Maître, accablé de tristesse,
Demande un entretien du ton le plus touchant.
Il est vif, mais son cœur est si bon !

JULIE, à part.

Quel amant !
Hélas ! que dois-je faire ? Oui, je sens ma foiblesse :
La raison lutte en vain contre le sentiment.

(haut.)

Qu'il m'attende.

LAFLEUR.

Mon Maître ?

JULIE, à part.

Allons trouver mon pere,
Et tâchons, si je puis d'appaiser sa colere.

L'Impatient.   D

SCENE XXIII.
LAFLEUR.

Qu'il vous attende ! Oh, j'en doute vraiment;
On fixeroit plutôt le feu, le vent,
Le cœur d'une coquette....

SCENE XXIV.
DAMON, LAFLEUR.
DAMON.

Eh bien, qu'a dit Julie ?

LAFLEUR.
Elle va revenir.
DAMON.
Bientôt ?
LAFLEUR.
Probablement.
DAMON.
Mais quand ? ce soir, demain, dans la semaine ?
LAFLEUR.
Que sais-je ? l'avenir est chose peu certaine.
DAMON, à part.
Ce qu'il faut pour écrire. Oui, pour plaire à Borchamp,
Lui rendre le repos qu'il regrette sans cesse,
Je vais au Président écrire en sa faveur,
Et j'y mettrai de la chaleur.
Mon oncle comprendra combien il m'intéresse.
(il écrit.)
LAFLEUR, à part, regardant Damon pendant qu'il écrit.
Le calme enfin succede à ce grand mouvement :
Je vois briller sur son visage
Les traits heureux de l'enjouement.
Mais la scene varie, il s'élève un nuage.
DAMON, à part.
Quelle maudite plume !
LAFLEUR.
(à part.) Elle a tort. (haut.) Si mes soins...

DAMON, *à part.*
Pour tracer chaque mot, il faut près d'un quart-d'heure.
LAFLEUR.
Supprimez quelque lettre : un mot de plus, de moins,
(*à part.*)
Qu'importe. En effet, que je meure
S'il ne trouve les mots trop longs de la moitié.
DAMON, *à part.*
Cette encre est détestable !
LAFLEUR, *à part.*
Il est contrarié.
DAMON.
Une bougie.
LAFLEUR, *à part, sans entendre.*
Il est toujours le même.
DAMON.
Eh bien ?
LAFLEUR, *sans entendre.*
Et le repos n'est pas son élément.
Par ses vivacités il m'amuse souvent.
DAMON.
Ah, quels valets ! (*Il sort.*)
LAFLEUR.
Toujours courant, toujours extrême,
Il se fâche, il me gronde, & cependant je l'aime.
Ah ! ah ! je l'ai perdu ! comment ?
Où donc est-il ? A merveille ! j'entends.
DAMON, *apportant une bougie allumée.*
Pour être bien servi, c'est-là le vrai système.

SCENE XXV.

Les Mêmes, LE NOTAIRE.

LE NOTAIRE, *à Lafleur.*
Peut-on voir votre Maître ?
LAFLEUR.
Oui, Monsieur, aisément.

DAMON, *à part, en fermant sa lettre.*

Je me flatte, Monsieur Borchamp,
Qu'un pareil procédé pourra vous satisfaire.

LAFLEUR.

Monsieur, voilà votre Notaire.

DAMON.

Ah, vous voilà ! je viens de chez vous.

LE NOTAIRE.

Je le sais.

DAMON.

On ne vous rencontre jamais.

LE NOTAIRE.

J'étois sorti pour une affaire.

DAMON.

(*au Notaire.*)

Vous avez tort. Lafleur.... Vous daignez le permettre,
A mon oncle soudain qu'on porte cette lettre.

SCENE XXVI.

DAMON, LE NOTAIRE.

DAMON, *à part.*

ME voilà délivré d'un pénible fardeau !
Ce procès finira ; cet espoir me console.
(*haut.*)
Je voulois vous parler de Madame d'Erole :
On vous dit très-liés.

LE NOTAIRE.

Je l'ai vue au berceau,
Et l'on s'attache à ceux qu'on a vu naître.

DAMON.

Vous savez son procès ?

LE NOTAIRE.

Oui, je dois le connoître.

DAMON.
Eh bien, qu'en pensez-vous?
LE NOTAIRE.
Tantôt, à ce sujet,
La Comtesse vient de m'écrire:
J'ai même encore son billet.
DAMON.
Peut-on le voir?
LE NOTAIRE.
Oui, je vais vous le lire.
(*Il cherche dans ses poches.*)
DAMON.
Voyons-le donc.
LE NOTAIRE.
Un moment, s'il vous plaît.
(*en cherchant.*)
Notre Comtesse a contracté des dettes.
DAMON.
Mais tout le monde doit: c'est l'usage à présent.
LE NOTAIRE.
Ah! le voici.
DAMON.
Lisez donc promptement.
Que cherchez-vous encor?
LE NOTAIRE.
Je cherche mes lunettes.
DAMON.
Lisez toujours, vous chercherez après.
LE NOTAIRE.
(*Il lit entre ses dents comme un homme qui cherche.*)
Vous êtes un peu prompt. M'y voilà... Je désire...
Oui, quelque jour... de mes projets...
A l'avenir....
DAMON.
De grace, daignez lire
Sans épeler.
LE NOTAIRE.
J'y suis. (*Il lit.*) A l'égard du procès,

(Damon s'approche avec vivacité pour lire dans la lettre, le Notaire, par un mouvement de surprise, recule la tête, & laisse tomber ses lunettes.)

Dont vous.... ah, ma lunette ! elle sera brisée.

DAMON.

J'en suis bien aise. Après ?

LE NOTAIRE.

Vous êtes obligeant.
(à part.) Sa tête est mal organisée.
(haut.)
Enfin, pour abréger ; car c'est probablement
Le moyen de vous plaire....

DAMON.

Oui, singuliérement.

Apprenez donc qu'elle projette
De vendre cette terre.

DAMON.

Eh bien, moi, je l'achette.

LE NOTAIRE.

Qui, vous ?

DAMON.

Oui, moi. Par cet expédient,
J'abandonne les bois, & Borchamp est tranquille.

LE NOTAIRE.

D'accord. Observez cependant....

DAMON.

Non, rien. Allez, volez, courez toute la ville,
Et terminez sans nuls délais.

LE NOTAIRE.

Quel feu ! Mais de sang froid combinons vos projets ;
Et sachez qu'en perdant ces bois où tout abonde,
Cette terre, Monsieur, déchoit de sa valeur.

DAMON.

Eh ! je renonce de bon cœur
A l'argent, au procès, à tous les biens du monde :
M'entendez-vous ?

LE NOTAIRE.

Oui, très-distinctement.

Mais, aussi-tôt l'affaire terminée,
Faites-moi l'amitié de prévenir Borchamp
Que sa cause est enfin gagnée,
Qu'il peut dormir tranquillement.
Volez, mon cher ami, daignez me satisfaire.
Quoi vous restez pétrifié !

LE NOTAIRE.

Mais en effet, je suis extasié.
Il faut cependant vous complaire,
Et je me hâte d'obéir.

(Il marche d'un pas grave.)

DAMON, *le regardant marcher.*

Gardez-vous bien de trop courir.
Encore un mot. Cachez à mon futur beau-pere
Le nom de l'acquéreur. J'exige le secret ;
J'ai mes raisons.

LE NOTAIRE.

Comptez sur mon silence.

SCENE XXVII.

DAMON.

Oui, qui veut obliger doit taire le bienfait.
Il s'imagineroit que je suis en démence,
Ou que mon zele prétendu
N'est qu'un moyen adroit, un piege convenu,
Pour m'assurer son alliance.

SCENE XXVIII.

DAMON, JULIE.

DAMON.

Ah, c'est vous ! quel bonheur ! je volois sur vos pas.

JULIE.

Vous devenez tous les jours plus aimable.

DAMON.

Mille pardons, j'ai tort ; mais ne me grondez pas.

JULIE.
Oui, l'on doit supporter votre humeur agréable.
DAMON.
Oui, je suis un peu vif.
JULIE.
Un peu !
DAMON.
Beaucoup, d'accord.
Puisque j'ai le malheur d'offenser ce que j'aime.
JULIE.
Quelle preuve d'amour, lorsque mon pere même
Vient, Monsieur, d'essuyer encor !...
DAMON.
J'ai long-temps attendu : perdant toute espérance....
JULIE.
Long-temps !
DAMON.
Pas mal.
JULIE.
Mais, daignez m'écouter :
Vous m'aimez, dites-vous !
DAMON.
Mes vœux, mon existence....
JULIE.
Je le crois. Mais comment osez-vous vous flatter
De mériter qu'un jour les nœuds de l'hyménée....
DAMON.
Par un culte....
JULIE.
Allez-vous m'interrompre ?
DAMON.
Non, non.
JULIE.
Oserai-je moi-même, abjurant la raison,
Et de l'amour victime infortunée,
M'exposer....
DAMON.
Ah ! croyez....
JULIE.

JULIE.
Encore !
DAMON.
Je me tais.
JULIE.
Vous dont l'humeur, dont les vœux inquiets,...
DAMON.
L'amour adoucit tout, le bonheur rend aimable.
JULIE.
Oui, je le fais. L'amour d'un voile favorable
Sait couvrir ses défauts: souple avant le succès,
Il ne semble agité que du desir de plaire;
Mais, tôt ou tard, il cesse. Alors le caractere,
S'irritant d'autant plus qu'il fut plus comprimé....
DAMON.
Ne craignez rien. Ah ! si je suis aimé,
Si jamais j'entrevois l'aurore
Du jour qui doit éclairer mon bonheur,
Vous me verrez soumis, plus amoureux encore,
Obéir à vos loix, réprimer mon humeur,
Et chercher tous vos goûts au fond de votre cœur.
JULIE.
Un tel effort me paroît difficile.
DAMON.
Vous verrez si, quand je promets....

SCENE XXIX.
Les Mêmes, LAFLEUR.

LAFLEUR.

Voici le Peintre ; il vient finir votre portrait.
DAMON.
Fais-toi peindre toi-même, & laisse-moi tranquille.
LAFLEUR.
Moi, Monsieur !
JULIE.
(A Lafleur.) Un moment. Ce n'est pas mon avis,
Voyons si j'ai sur vous cet empire suprême :

L'Impatient.   E

Faites entrer. Ce portrait est promis
Depuis long-temps ; enfin, plus maître de vous-même,
Aujourd'hui, prouvez-moi que vous m'êtes soumis.
DAMON.
Ordonnez : trop heureux !...

SCENE XXX.
DAMON, JULIE, LAFLEUR, DORLIS, Peintre.
DAMON.

Bonjour, Monsieur Dorlis.
Allons, asseyons-nous, & peignez à votre aise.
DORLIS, *préparant ses pinceaux.*
Je suis à vous. Approchez ; plus avant....
Eh ! non ; vous reculez.
DAMON, *troquant son fauteuil contre une chaise.*
Apportez une chaise ;
Je suis très-mal assis.
DORLIS.
Inclinez... doucement,
Fort bien ; gardez cette attitude.
DAMON, *à Julie.*
Il me tourne à son gré.
JULIE.
L'épreuve est un peu rude.
DORLIS, *peignant.*
Il faut que je m'attache, & c'est-là le grand art,
A bien saisir chaque nuance,
L'expression, la ressemblance,
Et le jeu de vos traits.
DAMON, *tirant sa montre.*
Il est déja bien tard.
DORLIS.
Quoi ! vous vous déplacez !
DAMON.
C'est que.... Souffrez, Madame... ;
Lorsque vous serez là, je verrai mieux Monsieur.
(*Il fait mettre Julie à côté du Peintre.*)

JULIE, *regardant le portrait.*
La bouche fera bien.
DAMON.
S'il lifoit dans mon cœur,
Il me peindroit avec des traits de flamme.
Et le front ?
JULIE.
Il s'avance.
DORLIS.
Oui, j'acheve à préfent.
DAMON, *fe levant.*
Ah ! vous avez fini. Bon ! vous êtes charmant.
JULIE.
Y fongez-vous ?
DORLIS, *à part.*
Cet homme eft différent des autres.
(*haut.*)
Nous commençons à peine.
DAMON, *affis.*
Où donc en êtes-vous ?
DORLIS.
J'en fuis aux yeux. Prenez un regard doux.
DAMON, *à Julie.*
Si je lifois mon bonheur dans les vôtres,
Les miens refpireroient le feu du fentiment.
JULIE.
Malgré votre contrainte ?
DORLIS.
Oui, fongez à Madame ;
Mais attachez les yeux fur moi.
DAMON.
Quoi ! conftamment ?
DORLIS, *travaillant.*
Le teint s'anime, l'œil s'enflamme
Auprès de la beauté.
DAMON.
Quand comptez-vous finir ?

JULIE.

Ce moment est facheux.

DAMON.
Près d'un objet aimable,
Tout s'embellit des couleurs du plaisir.

LAFLEUR, à part.
Il doit donner le Peintre au diable.

DAMON.
Que peignez-vous ?

DORLIS.
Je peins vos yeux.
Je crois que vous serez au mieux.

DAMON.
Hâtez-vous seulement : il n'est pas nécessaire
De me faire si beau.

JULIE.
Mais vous voulez, j'espere,
Un portrait qui ressemble ?

DAMON.
On me fait trop d'honneur.
J'aimerois mieux, pour mon bonheur,
Que la main de l'Amour m'eût gravé dans votre ame.

JULIE.
Cela seroit plus court.

DAMON, *bas à Julie, en se levant.*
Permettez-moi, Madame...
(*Il se place derriere le Peintre.*)
Je veux voir ce qu'il fait.

JULIE.
Un moment.

DORLIS, *après l'avoir cherché des yeux.*
Eh ! Monsieur,
Je ne pourrai jamais vous peindre.
(à part.)   (haut.)
Quel homme ! mon pinceau, ma verve s'échauffoit.

DAMON, *revenant à sa place.*
M'y voilà ; calmez-vous.

JULIE.
Vous êtes, en effet,
Si calme!
LAFLEUR, à part.
Il y paroit.
JULIE.
Sachez donc vous contraindre.
DAMON.
Que peignez-vous?
DORLIS.
Les yeux.
DAMON.
Encor les yeux! Eh mais,
Combien m'en faites-vous?
DORLIS.
Un ou deux, à-peu-près.
DAMON, se levant.
Vous les ferez sans moi.
JULIE.
Y songez-vous?
DAMON.
De grace.
JULIE.
Monsieur jamais ne finira.
DAMON.
Mais, Madame, un moment, mettez-vous à ma place.
JULIE.
Quoi! pour avoir votre portrait? Voilà
Qui me paroit nouveau. Quelle bizarrerie!

SCENE XXXI.

Les mêmes, FLAMAND.

FLAMAND.

DE votre oncle le Président,
J'apporte la réponse.
DAMON.
Ah! voyons promptement.

DORLIS, *à part.*
Sortons d'ici. Cet homme est atteint de folie.

SCENE XXXII.
DAMON, JULIE, FLAMAND.
DAMON.

AH! je suis trop heureux: mon cher oncle est charmant.
Allez prier Monsieur Borchamp
De paroître un moment de la part de Julie.

SCENE XXXIII.
DAMON, JULIE.
JULIE.

MAIS de quoi s'agit-il ?
DAMON.
Vous allez le savoir:
Ah! quel bonheur! mon oncle a rempli mon espoir.
Il peut compter sur ma reconnoissance.

SCENE XXXIV.
DAMON, JULIE, BORCHAMP.
BORCHAMP.

QUE me veux-tu ? Qu'est-ce ?
DAMON.
C'est moi, Monsieur,
Rassuré par votre indulgence....
BORCHAMP.
Excusez-moi: je suis votre humble serviteur.
DAMON.
Ah! daignez m'écouter! Mes torts involontaires....
BORCHAMP.
Je ne saurois, Monsieur, chacun a ses affaires.

DAMON.

Vous êtes irrité: j'entrevois mon malheur.

JULIE.

Mais sachez ce qu'il veut.

DAMON.

Votre bonté se lasse.
Mais n'imputez rien à mon cœur.
Votre intérêt m'anime: écoutez-moi de grace.
Le Président, mon oncle, à qui j'avois écrit,
Me répond qu'il a vu Monsieur de Lauvamaine;
Qu'on peut tout espérer, qu'il n'est rien qu'il n'obtienne
D'un vieux ami qui le chérit.
Mais jusqu'au bout je n'ai pas lu la lettre;
Daignez vous-même la finir.

BORCHAMP *lit.*

« Mon cher neveu, lorsque j'ai reçu votre billet,
» j'avois précisément M. de Lauvamaine à dîner chez
» moi. Soyez tranquille sur les suites de vos démarches
» dans tout ce qui dépendra de lui. Il n'a rien, m'a-
» t-il dit, à refuser à notre ancienne amitié.

DAMON.

Vous concevez, par-là, ce qu'on peut se promettre
Du zele de mon oncle.

BORCHAMP.

Il nous sert à ravir.

JULIE.

Vous voyez que du moins il sait rendre service.

BORCHAMP.

Oui, je le vois, & je lui rends justice.

(*il lit.*)

» Mais, selon votre coutume, vous écrivez avec
» tant de précipitation que vous oubliez la moitié
» des mots; & vos phrases sont si embrouillées, que
» ce n'est pas sans effort qu'on devine votre pensée.

(*à part.*)
Je le reconnois bien.

(*il lit.*)

» Je vous renvoie votre lettre, prenez la peine
» de la relire.

(*à part.*) Ceci sera nouveau.

DAMON.

Oui, lisez ; vous verrez si je sais être utile.

BORCHAMP *continue de lire.*

» Mon cher oncle, il faut, en ma faveur, crever
» tous vos chevaux, & me rendre un service très-
» important pour le plus maudit des.... La Comtesse.

DAMON, *lisant dans la lettre.*

Des procès.

BORCHAMP.

Ah ! j'entends, & rien n'est plus facile.

(il lit.)

» La Comtesse d'Érolle plaide, depuis un siecle,
» contre M. de Borchamp, pere.... dont je suis
» éperduement amoureux, qui réunit l'esprit à la
» beauté.

Je n'imaginois pas être encore si beau.

DAMON.

Mais, Monsieur, pere de Julie,
Qui réunit l'esprit aux attraits les plus doux.

BORCHAMP.

Fort bien.

(il lit.)

» C'est un être processif, & sa cause est injuste.
» L'essentiel est d'obliger Lauvamaine à rapporter cette
» affaire dès demain ; il s'agit d'un malheureux bois
» de famille que M. de Borchamp porte.... à un
» prix considérable.

» Je suis, &c.

» Voilà, mon cher neveu, votre billet, c'est une
» véritable énigme. Heureusement, j'ai quelque sa-
» gacité & quelque expérience, & j'ai compris que
» vous vous intéressez vivement à la Comtesse d'Érolle ;
» je ne vous connoissois pas cette belle passion ; mais
» comme vous m'assurez d'ailleurs que la cause de
» M. de Borchamp est injuste, que c'est un être pro-
» cessif, j'ai fortement prévenu Lauvamaine contre
» lui, & il m'a promis d'appuyer votre belle Comtesse
» de tout son crédit. »

Vraiment, il n'appartient qu'à vous !
Votre amitié plaide avec énergie ;
Et maintenant j'ai l'esprit en repos.

Eh

Eh bien, que penses-tu de ce rare service?
DAMON, à part.
Quelque démon, sans doute, a supprimé les mots.
JULIE.
De ses écarts son cœur n'est point complice;
Il vouloit obliger.
BORCHAMP, à Damon.
Je le crois; en effet....
DAMON.
Vous voyez ma surprise: échauffé par mon zele,
Avec vivacité j'ai tracé ce billet.
BORCHAMP.
Des vrais amis vous êtes le modele.
DAMON.
Je cours tout réparer.
BORCHAMP.
Non, c'est trop de bonté.
A l'égard de l'hymen entre nous projetté,
Il ne se fera point, Julie....
DAMON.
Il ne se fera point?
BORCHAMP.
Non.
DAMON.
Quelle cruauté!
BORCHAMP.
J'en suis fâché; mais, malgré mon envie....
DAMON.
(à Julie.)
Vous que j'aimois.... Monsieur.... Julie!... Ah, quel malheur!
Monsieur, j'ai tort si j'ai pu vous déplaire.
BORCHAMP.
Je le sais.
DAMON.
Mais enfin, ouvrez-moi votre cœur:
Je vous chéris, je vous révere,
Et vous êtes si bon.

L'Impatient.

BORCHAMP.
Bon : oh ! comme cela,
Suivant l'heure & le temps.

DAMON.
Toujours. Ah, vous voilà ?

SCENE XXXV.
Les Mêmes, LE NOTAIRE.

LE NOTAIRE.

JE vous apporte une heureuse nouvelle.
La Comtesse, en ce jour, a changé de projets,
Vous cede tous les bois, & renonce au procès.
Voilà l'écrit signé.

BORCHAMP.
Comment ? Donnez. C'est elle !
C'est son seing ! quel prodige !

LE NOTAIRE.
Au prix qu'elle a voulu
Elle vient de vendre sa terre ;
Et l'acquéreur, plus débonnaire,
Renonce à tout droit prétendu.

BORCHAMP.
Cet homme-là, ne lui déplaise,
Est pressé de jouir : les procès lui font peur :
Et vous nommez cet honnête acquéreur,

DAMON, *bas au Notaire.*
Ne me trahissez pas.

LE NOTAIRE.
Souffrez que je me taise.

BORCHAMP.
Pourquoi ? Quel intérêt ?...

DAMON.
Eh ! qu'importe pourquoi ?
Daignez vous occuper du bonheur de ma vie.

BORCHAMP.
Monsieur, un moment, je vous prie :

(*au Notaire.*)
Je veux savoir son nom.

DAMON.
Eh bien, Monsieur,... c'est moi;
La terre me convient, & j'ai conclu l'affaire.

JULIE.
Vous l'entendez; c'est lui, mon pere.

BORCHAMP.
Oui, ma fille, je vous entends.

LE NOTAIRE.
Vous le voyez; si la tête est bouillante,
Au moins le cœur est excellent;
Et vous devez, au gré de notre attente,
Recompenser les soins d'un si fidele amant.

DAMON.
Non, Monsieur, appuyé d'un si foible service,
Je ne réclame point un prix aussi flatteur :
Non, consultez avec plus de justice
Et vos bontés & son bonheur.

BORCHAMP.
Son bonheur !... Tourmenté d'un pareil caractere,
Osez-vous vous flatter de rendre un être heureux ?

DAMON.
Oui, Monsieur, animé du desir de lui plaire,
J'irai, je volerai au devant de ses vœux.

JULIE.
Je réponds de son cœur, du zele qui le presse :
Sensible à l'amitié, plein de respect pour vous,
Il fera, croyez-moi, son bonheur le plus doux
De mériter votre tendresse,
De consoler vos jours, d'aider votre vieillesse.

BORCHAMP, *à Julie.*
Tu le veux ?

DAMON, *vivement.*
Oui, Monsieur.

BORCHAMP, *à Julie.*
Épouse, j'y consens.

DAMON.

Ah, Julie! ah, Monsieur, les plus vifs sentiments....
   (*au Notaire.*)

Signons-nous le contrat? On souffre dans l'attente.

LE NOTAIRE.

Il faudroit qu'il fût fait.

DAMON.

        Qu'attendez-vous?

LE NOTAIRE.

                J'attends....
La question est plaisante!
Pour dresser un contrat, Monsieur, il faut du temps.

BORCHAMP.

Entrons chez moi; je veux le satisfaire.

DAMON, *à part.*

Quand pourra-t-on, morbleu! s'épouser sans Notaire?

FIN.

APPROBATION.

J'AI lu, par ordre de Monsieur le Lieutenant Général de Police, *l'Impatient*, Comédie en un Acte, & je n'y ai rien trouvé qui m'ait paru devoir eu empêcher la représentation ni l'impression. A Paris, le 16 Mai 1778. SUARD.

Vu l'Approbation, permis de représenter & imprimer. à Paris, ce 18 Mai 1778. LE NOIR.

www.ingramcontent.com/pod-product-compliance
Lightning Source LLC
Chambersburg PA
CBHW070701050426
42451CB00008B/448